AF313055

LUCIEN PICHON

LES
CHEMINS DE FER

ET L'ARTICLE 105

DU

Code de Commerce

BAYONNE

Imprimerie Lespés sœurs, 12, rue Chegaray.

1879

LES CHEMINS DE FER

ET L'ARTICLE 105

DU

Code de Commerce

PAR LUCIEN PICHON.

LES CHEMINS DE FER

L'article 105 du Code de Commerce

La question des tarifs des chemins de fer préoccupe depuis longtemps les esprits; à plusieurs reprises, au Corps législatif, à l'Assemblée nationale, des orateurs ont porté à la tribune les plaintes si vives et si fondées du commerce contre les tarifs de nos grandes Compagnies.

Tout dernièrement encore, dans une conférence internationale dont le but était l'amélioration des moyens de transport, se trouvaient réunis au Trocadéro, il y a environ dix mois, lors de l'Exposition universelle, sous le patronage du gouvernement français, les spécialistes les plus éminents venus de toutes parts, les délégués de chaque puissance, plusieurs centaines de membres de nos Assemblées parlementaires qui s'étaient fait inscrire pour assister aux séances.

Un ancien député, M. Chérot, ingénieur distingué, déclarait à la tribune que les compagnies françaises avaient depuis leur création perçu plus de cent millions en sus de leurs tarifs, et M. Esnard, avocat rapporteur de la sous-commission des tarifs composée de MM. Foucher de Careil, Palotte, Wilson, Delboy, etc., confirmait, en le précisant, le chiffre ci-dessus, en se plaignant de la presque omnipotence des compagnies et de l'abus qu'elles en ont fait jusqu'ici ; ces appréciations, loin de soulever la moindre contestation, recueillaient d'unanimes adhésions.

Il nous est impossible, dans les limites si restreintes de cette brochure, de tenter l'analyse de ces réclamations ; nous nous contenterons de signaler les points suivants, sur lesquels les plaintes se sont surtout portées.

En dehors des tarifs maxima qui, pour ne plus être appliqués d'une manière générale, le sont encore dans bien des cas et sur beaucoup de lignes, il existe des tarifs spéciaux, d'exportation et de transit, pour chaque compagnie, auxquels il faut ajouter les tarifs communs et internationaux, pour les rapports avec les autres compagnies françaises et les compagnies étrangères.

Les marchandises sont divisées par séries, qui varient d'après les compagnies, si bien qu'une marchandise est classée dans la troisième série sur une ligne, dans la première dans une autre.

Malgré ces différences, le commerçant initié aux mystères du Recueil-Chaix, immense volume de mille cinq cents pages, trouve, avec une facilité relative, le prix de transport fixé par les tarifs généraux, en tant qu'il s'agit d'une grande gare tête de ligne ou d'un point de transit avec une compagnie étrangère au réseau exploité. Mais il n'en est plus de même lorsqu'il entend procéder à une tarification de gare à gare, et quand il s'agit des six cents tarifs communs ou des cinq cents tarifs spéciaux ordinaires applicables à la petite vitesse, la recherche exige une expérience, un savoir que n'ont pas toujours les agents des compagnies eux-mêmes.

Par les conditions insérées dans les dits tarifs, les restrictions et les interprétations arbitraires, les compagnies diminuent et annihilent les avantages de ces tarifs, qui deviennent un privilége plutôt qu'un droit.

La juridiction des tribunaux consulaires, et ceux-ci mieux placés que quiconque pour apprécier les faits, peut dire, à son honneur, qu'elle a tenu la balance égale entre un monopole sans limites et le commerce qui est à la discrétion des compagnies.

A une semblable juridiction, les compagnies ont voulu se soustraire; elles se sont adressées à la Cour de Cassation et elles ont obtenu un arrêt aussi désastreux pour le public qu'inique dans la forme.

Cet arrêt, rendu *sans délibéré* le 25 avril 1877, n'a pas d'autre conséquence que d'assurer aux compagnies coalisées un gain illicite et annuel de près de trois à quatre millions.

Cet arrêt décide :

1º Que le récépissé qui n'est qu'une facture de transport délivré par les gares, non signé, privé des garanties de l'article 102 du Code de Commerce et de

l'article 10 de la loi 'du 13 mai 1863, a l'autorité *d'un
contrat de transport;*

2° Que l'article 105 du Code de Commerce édicté en
1809 pour le roulage à prix débattus (lequel n'est
appliqué qu'aux accidents de transport) est opposable
aujourd'hui aux surtaxes provenant d'un allongement
de parcours, et cela malgré les termes absolus de
l'article 1235 du Code Civil;

3° Que le paiement sans réserves du dit récépissé
éteint toute action en répétition de l'indû.

Autant d'erreurs ! Car, en effet, comment payer sans
réserves ? Est-ce que les compagnies n'exigent pas
paiement immédiat avant l'enlèvement des marchandises? Le récépissé, libellé tel qu'il est aujourd'hui,
constitue-t-il une lettre de voiture à prix ferme, un
contrat de transport à prix débattus? En un mot, une
bonne lettre de voiture dont le montant émis par
l'expéditeur ne peut être dépassé? Evidemment non.

Peut-on d'ailleurs établir des réserves, des recherches
de taxes sur plusieurs réseaux, faire des combinaisons
différentes à un guichet qui le plus souvent n'est à
même de vous communiquer que les tarifs de son propre
réseau? Et d'ailleurs, ces réserves, où seraient-elles
faites sinon sur le récépissé? Or, la gare vous le
livre-t-elle au préalable? Non. « Payez » vous dit-on,
« et réclamez ensuite ». Votre réclamation se produit-
elle cinq minutes après, qu'on vous déclare forclos aux
termes de l'article 105.

L'arrêt admet la restitution des erreurs intervenues dans l'application des tarifs. Or, entre plusieurs tarifs réduits, chacun d'eux ayant une direction différente, n'est-ce pas une erreur que d'appliquer les plus onéreux? En outre, n'est-ce pas une erreur et une violation des arrêtés ministériels sur la matière que d'immobiliser les nombreux tarifs communs applicables d'office, lesquels sont rigoureusement substitués aux tarifs généraux, puisqu'ils sont d'une espèce identique, et que le caractère sus exprimé n'est point douteux?

Et le tarif de la disette (nous voulons parler du tarif temporaire imposé par l'article 42 du cahier des charges, afin que le blé circulât à bas prix dans toute la France), doit-il donc, lui aussi, passer à l'état de lettre morte, et consacrer, au besoin, pour les uns des priviléges, pour d'autres des pertes, contrairement au principe égalitaire qui doit présider à l'application des taxes conformément à l'article 48 du cahier des charges?

En effet, si dans l'ignorance ou l'incompétence des expéditeurs, la direction et la taxe écrites par le premier venu ont la valeur d'un contrat bilatéral; si, enfin, le personnel des compagnies (ce qui peut être admis) est en rapport avec des expéditeurs concurrents, a la faculté de favoriser les uns, expédier du blé ou de la farine d'Agen à Bayonne par Bordeaux ou par Tarbes à des négociants concurrents, sans que le plus maltraité puisse réclamer la surtaxe, il en résulte une différence dans le prix de revient, un trouble dans les relations commerciales, et alors l'égalité n'existe plus devant la taxe.

Nous dirons même que ces faits constituant la violation la plus flagrante de l'article précité, ne tendent à rien moins qu'au retour aux traités particuliers en usage avant 1858, traités abolis par décision ministérielle et en vertu des dispositions du cahier des charges.

Or, la circulaire ministérielle du 26 septembre 1857, par laquelle le ministre notifiait cette décision importante aux compagnies de chemins de fer, se terminait ainsi :

« Quant aux traités aujourd'hui en vigueur..., j'ai décidé qu'ils cesseraient également de recevoir leur exécution à partir du 1er janvier prochain; faute de quoi, je déclarerai les réductions de prix, consenties par ces traités, applicables à tous les expéditeurs, sans conditions. »

La mesure générale en vertu de laquelle les traités particuliers et de faveur n'existent plus, a été prise à dater du 1er janvier 1858 ; exécutoire depuis cette époque, les faits viennent aujourd'hui nous démontrer que la clause tutélaire les prohibant tend à ressusciter.

« La perception des taxes devra se faire indistinctement et sans tour de faveur » dit l'article 48. Cette disposition consacrant la complète égalité des tarifs et des conditions entre tous ceux qui font transporter des objets de même nature, est le correctif nécessaire du monopole des chemins de fer, et la loi manifeste, par un ensemble de dispositions, la ferme volonté d'empêcher que ces derniers n'abusent de la force dont ils disposent pour jeter la perturbation dans les existences et dans l'industrie.

Mais là ne s'arrête point la protection de la loi. Les cahiers des charges formant, entre les compagnies et le public, un contrat respectivement obligatoire, tous ceux qui souffrent de ce qu'au mépris de la règle qui prescrit la perception des taxes indistinctement et sans faveur, une situation privilégiée a été faite à tel ou tel négociant, sont fondés à réclamer la réparation du dommage qui leur est causé.

Lorsqu'on recherche les lois qui doivent régler les rapports du public avec les compagnies de chemins de fer, on est stupéfait de ne trouver qu'une douzaine d'articles du Code de Commerce, édictés longtemps, bien longtemps avant qu'il fût question d'exécuter des transports au moyen d'une voie ferrée.

Ainsi donc, quand un litige naît entre la compagnie et l'un de ses clients, forcé par son monopole de s'adresser à elle (ces litiges sont nombreux et ils s'accroissent tous les jours), le juge ne trouve d'autre guide, d'autre texte, pour asseoir sa décision, que les quelques articles plus haut mentionnés. La cause la plus fréquente des procès est actuellement la détaxe, c'est-à-dire la réclamation de l'expéditeur ou du destinataire qui soutient avoir acquitté un prix de transport supérieur à celui qu'il eût régulièrement dû payer.

Personne n'ignore que les réclamations de cette nature sont souvent fondées; elles naissent par la forme même des choses, de l'agencement administratif des compagnies et de la complication de leurs tarifs, complication telle qu'il n'y a pour ainsi dire aucun moyen de préciser les prix de transport, même pour leurs agents. A ce point qu'il est presque exceptionnel de voir le même transport, alors qu'il n'est intervenu aucune modification dans les tarifs, taxé par la compagnie d'une façon uniforme pour une période de temps un peu longue.

Cette situation connue, on comprendra combien doivent être nombreuses les erreurs de taxes, surtout si l'on sait que lorsqu'il en est commise une au préjudice de la compagnie, l'insuffisance est retenue sur les appointements de l'employé taxateur. Il en résulte que, naturellement, au moins toutes les fois qu'il y a doute dans l'esprit de celui-ci, il taxe de la façon la plus avantageuse pour la compagnie, la plus désavantageuse pour le public, afin de ne pas courir le risque de voir ébrécher ses appointements généralement assez maigres.

Nous ajouterons que lorsque ces insuffisances, très rares d'ailleurs, sont réclamées pour le propre compte de la compagnie, celle-ci n'entend pas qu'on répète contre elle la fin de non-recevoir tirée de l'article 105, alors qu'elle s'est fait acquitter les frais sans-réserves préalables de sa part. En d'autres termes le public est privé, vis-à-vis des chemins de fer, de la faculté de répéter contre eux la déchéance qu'on lui oppose.

On comprend sans peine qu'avec de tels agissements, et en supposant la meilleure foi du monde, en n'admettant aucune intention de préjudice à autrui, il doit y avoir tous les ans des sommes véritablement prodigieuses encaissées indûment.

De là cette multiplicité de réclamations en matière de détaxe; de là ces procès soutenus avec acharnement devant tous les degrés de juridiction; procès dans lesquels le public joue quelque peu le rôle du manant du moyen âge qui, lorsqu'il parvenait (chose rare) à obtenir l'autorisation de descendre en champ clos contre le seigneur, ne le pouvait battre qu'avec ses armes naturelles, un bâton, une fronde, etc., tandis que le gentilhomme, bien cuirassé dans son armure, l'attendait avec sa lance ou son épée du haut d'un destrier convenablement caparaçonné.

Le réclamant est absolument démuni d'armes; il se trouve en présence d'une série de tarifs extraordinairement embrouillés, et chaque fois qu'on lui taxe un transport plus cher qu'il ne lui semble juste, la différence ne se soldant que par quelques francs, il est dans un cruel embarras. Renoncera-t-il à son envoi? Car, le plus souvent, point n'est d'autre voie que le chemin de fer, grâce au monopole.

Il a promis de livrer à jour fixe à l'acheteur, sinon procès et dommages-intérêts importants, relativement du moins à la surtaxe de transport.

Il expédie donc et paie sauf à réclamer ultérieurement. Lorsqu'il veut donner suite à son projet, la compagnie rejette. Que faire? Un procès? Mais il s'agit ordinairement de sommes relativement peu importantes, nous l'avons dit, et en admettant le gain du procès, sauf de rares exceptions, il aura dépensé plus d'argent qu'il n'en recouvrera, rien qu'en honoraires d'avocats, etc.

La compagnie, le réclamant le sait, ne reculera devant aucun moyen de procédure, de déclinatoires, d'incompétence, etc.; elle ne lui fera grâce d'aucun degré de juridiction, et à chaque instant il lui faudra déposer des provisions assez fortes, écrire des lettres, faire des courses, avoir des conférences.

Si néanmoins il persiste, s'il met à poursuivre le recouvrement de quelques centaines de francs le même acharnement que la compagnie à défendre, non pas la même somme, mais le principe, c'est-à-dire le remboursement de toutes les taxes par elle perçues à l'aide des mêmes opérations, ce qui constitue un total considérable par la multiplicité des envois, il se trouve alors en présence de difficultés inextricables.

Nous ne parlons point des difficultés de droit qui sont d'autant plus ardues que le sujet est plus inconnu, mais des difficultés inhérentes à la spécialité même de l'affaire.

La plupart des envois de marchandises ont lieu par des tarifs spéciaux ou réduits, communs, d'exportation, etc..... Où trouvera-t-il une définition de ces mots? Le

Code de Commerce reste naturellement muet, puisqu'il est antérieur à ce mode de transport; les lois le sont également, le cahier des charges n'en souffle mot.

C'est donc aux compagnies elles-mêmes qui les ont créés qu'il faut demander les applications, les différences, situation presque inadmissible.

Cependant où a-t-on jamais défini ces termes ailleurs que dans le sein de ses bureaux.

Quand on a voulu créer au Havre un cours de commerce, on s'est préoccupé de la question des tarifs, et surtout de la façon de les révéler au public, et après maintes recherches on a dû renoncer à l'espoir de trouver un professeur de tarifs.

Mais il y a plus.

Définir les tarifs, leur application est une pensée naturelle, mais encore faut-il les posséder. Or comment se les procurer? Suffira t-il, comme le répondra tout esprit superficiel, de s'abonner à la publication trimestrielle de la librairie Chaix?

A peu près pour l'avenir, attendu que les tarifs étant exigibles par suite de leur homologation et non de leur publication, il peut arriver fréquemment qu'un tarif puisse être revendiqué et n'être mentionné au recueil Chaix que postérieurement et, au besoin, ne pas l'être du tout, si, antérieurement à la publication, il se trouve modifié, phénomène qui s'est présenté pour les tarifs spéciaux du Midi P 1, 2, 5, 16, 17, 19, 20, 21 et 26, dont la compagnie avait demandé là modification, le 1ᵉʳ avril 1877 et qu'elle a remaniés le 28 du même mois.

Les compagnies soutiennent même aujourd'hui que l'homologation n'est qu'une formalité à laquelle ne saurait se refuser le ministre.

Ainsi donc la situation n'est point égale entre les deux parties en cause, et le public est et sera forcément opprimé, tant qu'une association, un syndicat ne le mettra pas à même de se défendre plus intelligemment et avec des ressources plus sérieuses que celles dont peut isolément disposer chaque expéditeur ou destinataire. Il se trouve actuellement sans armes judiciaires, faute de textes dans nos lois, sans connaissance des tarifs, muni de ressources pécuniaires restreintes en comparaison de celles que possèdent les compagnies. Il ne poursuit la restitution que de quelques centaines de francs, alors que les compagnies défendent le principe dans chaque affaire, c'est-à-dire des intérêts énormes.

Parmi toutes ces questions multiples qu'un volume entier suffirait à peine à ébaucher, il nous a paru utile d'appeler l'attention sur un moyen de droit dont l'application de plus en plus étendue par les compagnies pourrait, s'il était définitivement adopté par la jurisprudence, rendre illusoires tous les efforts tentés pour faire restituer aux compagnies les sommes par elles indûment perçues.

Nous voulons parler de ce qu'on appelle en droit l'exception ou mieux *fin de non recevoir*, tirée de l'article 105 du Code de Commerce lequel est ainsi conçu : « La réception des objets transportés et le paiement du prix de la voiture éteignent toute action contre le voiturier. »

L'importance de cet article n'échappe à aucun esprit; il a pour résultat de faire rejeter la demande, quelque juste et quelque fondée qu'elle soit, dès que le dit article est déclaré applicable.

Heureusement la jurisprudence a fortement restreint la portée de cet article qui, appliqué textuellement, eût été la légitimation de toutes les erreurs possibles, fussent-elles mêmes faites de mauvaise foi.

En effet, le commerce est, nous l'avons dit, obligé par le monopole de s'adresser aux compagnies ou de ne pas faire transporter, ou ce qui est la même chose de ne pas payer le prix, auquel cas les marchandises ne vous sont pas remises.

Or, dès qu'elles vous sont remises, c'est par cette raison que vous avez payé préalablement, et alors, dit l'article 105, toute action ne peut être utilement intentée.

La jurisprudence a adouci l'absolu du principe, en décidant que les erreurs de taxes ne tombaient point sous le texte en question et ne se prescrivaient que par trente ans.

Mais depuis les compagnies en ont imaginé une nouvelle application, déjà admise par la Chambre des requêtes le 25 avril 1877, d'après laquelle tout serait remis en question, ainsi qu'il appert de l'arrêt dont nous avons donné plus haut un extrait.

Un exemple puisé entre mille donnera une idée de la situation faite au commerce par l'interprétation sus-visée.

Des colis étant expédiés de Maubeuge, station de la ligne du Nord, ont emprunté les réseaux du Nord, de chemin de fer de Ceinture, de P. L. M., de l'Orléans et sont arrivés à destination de Mazamet, station du Midi, ayant ainsi transité par La Chapelle, Bercy, Arvant et Alby.

Une détaxe est demandée par le destinataire qui prétend que la direction donnée aux marchandises est plus coûteuse que celle qu'elles eussent dû suivre, soit en transitant par Laon, Gray et Cette.

Sans méconnaître en droit ni en fait la justesse de cette réclamation, la compagnie du Nord oppose à la demande une fin de non recevoir tirée de l'article 105 du Code de Commerce.

Cette fin de non recevoir doit-elle en effet faire rejeter la demande? Telle est la question à résoudre.

L'article 105 du Code de Commerce, dit la compagnie du Nord, déclare que la réception et le paiement du transport éteignent toute action contre le voiturier.

Or la lettre de voiture ayant été payée, les marchandises reçues, il n'y a plus d'action, ajoute-t-elle.

Cette doctrine paraît absolument inexacte dès que l'on recherche avec quelque attention l'esprit de la loi.

Ce que législateur a déclaré prescrit n'est pas *toute action* en général, en donnant à ce mot son sens le plus absolu et le plus étendu.

Car à ce compte, il faudrait dire que si le voiturier a une difficulté à propos d'un bail avec le destinataire, celui-ci ne pourra saisir régulièrement un tribunal de ce différend, parce qu'il aura payé le prix du transport et reçu la marchandise.

Le mot *toute action* doit donc être restreint et l'on doit raisonner comme si le législateur avait dit : Toute action relative aux obligations du transport en lui-même, qui en sont *régulièrement* nées ; c'est-à-dire la perte, l'avarie et le retard.

Or la position de l'article 105 ne laisse aucun doute sur les actions qu'il a pour but de réglementer dans la section III du livre I titre VI du Code de Commerce, intitulée *du voiturier*.

Le premier article de cette section qui est le 103ᵉ, sans définir exactement le voiturier, précise ses obligations. Il est garant de la perte des objets, ainsi que des avaries en général.

L'article 104 rappelle qu'il n'est responsable des retards que lorsqu'ils ne sont pas le résultat d'une force majeure.

L'article 105 venant ensuite déclarer que toute action est éteinte contre lui par suite du paiement et de la remise, il est incontestable qu'il faut entendre par *toute action* celles que la loi vient de déclarer ouvertes contre le voiturier pris en cette qualité, ainsi déterminée et précisée, et non toutes les actions possibles que l'on pourrait intenter contre un individu quelconque faisant le métier de voiturier.

En continuant la lecture du chapitre, on voit que l'article suivant est conçu dans le même esprit. Il trace, en effet, les règles à suivre en cas de refus basé sur l'état de la marchandise, c'est-à-dire d'avaries, manquants ou retards.

Enfin l'article 108, le dernier relatif au voiturier édictant aussi une prescription, déclare qu'elle s'applique encore à *toutes actions* (c'est la même formule) à raison de la perte ou de l'avarie.

En un mot tous les articles relatifs aux voituriers se réfèrent exclusivement à ces deux cas, retard ou avarie.

L'article 105 lui-même doit donc être localisé aux seules contestations prévues dans le milieu où il se trouve, c'est-à-dire à celles entre voituriers et expéditeurs ou destinataires.

Toutes les autres ne sont pas des contestations entre expéditeurs ou destinataires et voituriers, elles sont un accident, une difficulté née à l'occasion du transport, mais non des difficultés de *transport* proprement dites dans le sens et les prévisions de la loi, c'est-à-dire régies d'une manière autre que toute action ordinaire de droit commun.

L'une des parties se trouve être voiturier, l'autre le destinataire, et il y a contestation entre elles à propos du contrat intervenu pour une cause existant tout à fait indépendamment de leur qualité de transporteur et d'expéditeur.

Dans l'espèce, par exemple, il ne s'agit du transport que subsidiairement ; en réalité, le demandeur se plaignant d'avoir *trop payé*. De telle sorte que s'il fallait classer l'affaire, c'est à plus juste titre une répétition de l'indû qu'une réclamation de transport.

Si la compagnie du Nord répond : J'ai trop perçu, mais cela tient à ce que j'ai mal choisi la direction.

Peu m'importe, dit le demandeur, cette allégation que vous ne pouvez d'ailleurs justifier que par vos *propres* déclarations ! Ce qu'il il y a de certain c'est que j'ai payé plus que le tarif sainement appliqué et entendu ; si l'on admettait votre raisonnement, il n'y aurait plus de détaxe possible, puisqu'il ne tiendrait qu'à vous de faire cacher la surtaxe perçue avec une fausse direction quelconque.

Aussi la loi de la contestation sera-t-elle l'article 1376 du Code civil lequel dispose « que celui qui reçoit par erreur ou sciemment ce qui ne lui est pas dû, s'oblige (par ce seul fait) à le restituer à celui de qui il l'a indûment reçu. »

Principe général devant lequel disparaît purement la fin de non recevoir de l'article 105 qui, étant comme toutes les exceptions de droit étroit, doit être plutôt restreinte qu'étendue, c'est-à-dire localisée à l'objet pour lequel l'article a été édicté.

Au reste, l'incertitude seule suffit pour qu'elle cède
aux principes généraux du droit.

C'est ce qui explique que les erreurs de taxe pour
lesquelles on eût pu, de quelque nature qu'elles
fussent, invoquer la même exception, puisque l'article
105 dit *toute action*, soient néanmoins remboursées
pendant trente ans.

La doctrine émise par les compagnies serait plus
difficile encore à soutenir si, approfondissant la question,
on prenait la peine de puiser quelque peu aux sources
avant d'admettre un raisonnement aussi exorbitant que
celui qui consiste à dire : « Dès que vous avez payé en
trop en recevant une marchandise, vous ne pouvez
plus vous faire ren lre ce qui vous a été pris en sus de
ce que vous deviez. »

Il suffit pour s'en convaincre de jeter les yeux sur le
rapport présenté au Corps législatif et sur l'exposé des
motifs qui ont déterminé le vote de la loi du 10
septembre 1807, promulguée une deuxième fois et
mise en vigueur sous le nom de Code de Commerce le
1ᵉʳ janvier 1808.

Dans le premier de ces documents, M. Jard Pauvillars,
rapporteur, dit en parlant des commissionnaires de
transports et voituriers, qu'il y a une autre espèce
d'agents sur lesquels l'ordonnance de 1673 n'édicte
que des dispositions insuffisantes, qu'ils trouveront
désormais « leurs droits et leurs devoirs déterminés
par le Code Napoléon, titre XIII, livre III. »

Ainsi qu'on le voit, point n'était alors question de fin de non recevoir, le Code Napoléon ne l'édictant pas non plus que l'ordonnance de 1673.

Quant à l'exposé des motifs présentés au nom de la commission par MM. Regnaud, de St-Jean-d'Angély, Jaubert et Préal, il répète avec plus de précision encore l'injonction ci-dessus de se référer au Code Napoléon, en déclarant aux tribunaux que c'est dans ces dispositions qu'ils devront puiser « des règles précises et universelles. »

Il ajoute qu'il apporte une innovation heureuse aux prescriptions de l'ordonnance de 1681, innovation en vertu de laquelle le commissionnaire pourra désormais *avec sécurité* faire des avances sur les marchandises.

D'où il résulte qu'à part cette modification, l'esprit de l'ordonnance est respecté et admis par la nouvelle loi.

Or, la dite ordonnance dit article 5 : « Le marchand ne sera recevable à former *aucune demande* contre le maître (de navire) ni contre les assureurs pour *dommage arrivé* à sa marchandise, après l'avoir reçue sans protestation, ni le maître à intenter aucune action pour *avaries* contre le marchand après qu'il aura reçu son fret sans avoir protesté de sa part. »

L'article 4 de la même ordonnance a constitué notre article 108 du Code de Commerce.

Ainsi qu'on le voit, il n'était question que de prescrire les actions relatives au dommage arrivé à la marchandise, c'est-à-dire les réclamations pour avaries, mais *nullement* de couvrir les actes tout au moins erronés par lesquels les voituriers eussent pu percevoir plus que le prix convenu pour le transport.

D'autre part, jamais les usages commerciaux n'ont été autres en cette matière, et après avoir compulsé des quantités prodigieuses de lettres de voiture de diverses parties de la France, il ne nous est pas arrivé d'y voir inscrite une mention ayant le sens attribué à l'article 105. Nous copions sur une lettre de voiture des Messageries Nationales, rue Notre-Dame-des-Victoires, à Paris : « On sera sans recours contre nous, en cas d'avaries, si au préalable on n'a fait ses diligences contre le voiturier. »

Ainsi donc, les textes anciens, les textes actuels et les motifs qui les ont dictés, les usages commerciaux tant anciens que modernes, démontrent surabondamment que la prétention élevée par les compagnies de s'abriter derrière l'article 105, en dehors des réclamations pour dommage à la marchandise, est inadmissible ; et notamment, alors même qu'il leur plairait d'alléguer ou même de démontrer qu'il y a eu fausse direction.

Si elles ont perçu en trop, elles doivent le remboursement, et peu importe qu'elles aient ou non, comme elles l'allèguent dans toutes les circonstances, classé la somme à *disposition*.

Il est donc indispensable de mettre fin à un tel état

de choses, et en attendant la réforme absolue des tarifs et des articles du Code de Commerce, la jurisprudence se maintiendra dans les termes stricts du droit qu'elle a précisé elle-même en n'admettant pas de tels moyens dont elle a fait déjà justice dans des cas analogues.

BAYONNE. — Imprimerie Lespès sœurs, rue Chegaray, 12.